LES CÉLÈBRES

VERRERIES

DE VENISE ET DE MURANO.

GUIDE

POUR LES ÉTRANGERS.

LES CÉLÈBRES VERRERIES

DE VENISE ET DE MURANO.

LES CÉLÈBRES VERRERIES
DE VENISE ET DE MURANO

DESCRIPTION

historique, technologique, et statistique de cette industrie
divisée dans ses diverses branches

avec des notices

sur le commerce en général des émaux et des conteries

par

DOMINIQUE BUSSOLIN.

VENISE 1847,

Librairie Allemande et étrangère de H. F. Münster

Piazza San Marco all' Ascensione.

AU LECTEUR.

Les verreries vénitiennes parmi lesquelles on distingue les fabriques d'émaux et de conteries, ou perles de verre de Murano, jouissent d'une ancienne renommée.

Cette branche de l'industrie nationale, qui sert à entretenir un commerce très-vif, et très-étendu avec les pays les plus éloignés, était surveillée avec rigueur, du temps de la République, qui s'en montra si

jalouse qu'elle en conserva à ses su=
jets le monopole pendant tous les siè=
cles de sa durée, par les réglements
les plus sévères, mais en même temps
les plus protecteurs.

Sur cet argument qui excite tout
l'intérèt et la curiosité de l'économi=
ste étranger, vu les rapides et mer=
veilleux procédés par lesquels s'ac=
complissent, particulièrement dans
les fabriques d'émaux, les divers

travaux qui y sont relatifs, nous avons publié une description en italien, qui sert en même temps de Guide artistique pour les personnes qui désirent visiter ces établissements, et prendre connaissance de leurs produits.

L'accueil favorable qu'a obtenu cet ouvrage, et l'honneur que nous a accordé S. M. Ferdinand Empereur d'Autriche ecc., d'en accepter un exemplaire pour Sa Bibliothèque privée, nous ont encouragé à le publier aussi en français, avec des détails plus circonstanciés sur les susdites manufactures, dont s'occupent encore les fabriques vénitiennes sans aucune concurrence étrangère.

L'AUTEUR.

INTRODUCTION.

Dans les premiers temps de Venise lorsque les habitants des villes du continent voisin, pour se soustraire aux incursions des barbares, se réfugièrent dans les îles de nos lagunes, et à l'abri des ravages qui désolaient l'Italie, ils commencèrent à jouir d'une pleine sécurité, et à fixer les bases de leur liberté et de leur puissance, on peut bien supposer qu'ils se livrèrent dès-lors aux arts, et entr'autres à celui de la fabrication du verre, pour se procurer les divers ustensiles nécessaires à leurs besoins domestiques (1).

(1) **V** et **VI** siècles.

Filiasi dans ses *Memorie dei Veneti primi e secondi,* Tome III, chapitre 24, *Padova* 1811, et dans son *Saggio sull'antico commercio e sulle arti dei Veneziani,* Tom. VI, pag. 147, pense que l'art de faire le verre et le cristal était déjà connu à ces émigrés, et qu'ils l'apportèrent dans ces lagunes.

Toute la force de la nation s'étant concentrée dans les îles de *Rivo-alto*, réunies sous le nom de *Venezie*, et le siége permanent du gouvernement de cette ville naissante s'y étant établi, après les fameuses guerres contre les Lombards (1), la population s'augmentant, et le commerce prenant de l'essor, le nombre des verreries s'accrut en même temps; mais comme elles exposaient la ville à de fréquents incendies, on prit le 8 novembre 1291 une délibération dans le *Maggior Consiglio* qui ordonna la démolition des fournaises existantes dans la ville de Venise et dans l'évêché de Rialto pour les reléguer dans un autre endroit de ce même district (2).

(1) Le siége ducal de cette République insulaire était d'abord à Héraclée où le premier Doge Paul Lucien Anafeste fut élu en 697. En 742 il fut transféré à Malamocco. Enfin en l'an 809, après la guerre contre le roi Pépin, sous le Doge Ange Partecipazio, il fut définitivement établi dans les iles de Rialto, maintenant Venise.

(2) MCCXCI, *die octavo Novembris in Majori Consilio . . . . Capta fuit pars quod fornaces de vitro in quibus laborantur laboreria vitria debeant destrui, ita quod de caetero esse non debeat aliqua in civitate, vel episcopatu Rivoalti, sed extra civitatem et episcopatum in districto Venetiarum pos-*

On choisit l'île de Murano, où l'on prétend qu'il existait déjà des verreries (1).

Le 11 août 1292 on modifia les ordres du décret précédent, et il fut arrêté que les petits objets de verre, parmi lesquels on comprenait aussi ceux de verre coloré, pourraient se fabriquer à Venise pourvu que les fournaises fussent isolées des maisons à une distance, au moins, de quinze pas alentour (2).

Par la suite du temps ces petites fournaises furent de nouveau transportées à Murano, et un décret du Sénat vénitien en date du 15 mars 1383, en parlant des verreries, s'exprime ainsi: *Ut ars tam nobilis semper stet, et permaneat in loco Muriani.*

sit fieri, sicut placuerit illis qui facere voluerint, et hoc fieri debeat ita quod non laborent ab hodie in antea, in poena librarum centum, etc.

(1) L'île de Murano séparée de Venise par un court trajet, était considérée comme un faubourg de cette ville, et jusqu'en 1171 elle a fait partie de l'arrondissement, ou *Sestiere di Santa Croce,* de Venise. *Galliciolli, Memorie Venete antiche,* Tome I, page 82; et *Fanello, Saggio Storico di Murano, Venezia* 1846, page 20 et suivantes.

(2) MCCXCII, die XI Augusti, Majori Consilio ... *Capta fuit pars: quod verixelli possint laborari in locis ubi fornellus eorum distet a domibus ab omni parte per passus quindecim ad minus.*

Un tel ordre de choses subsista jusqu'au siècle dernier qui fut aussi la fin de la République de Venise. En vertu de priviléges spéciaux octroyés par les Inquisiteurs d'état, et par une exception aux lois en vigueur, deux verreries furent érigées à Venise, l'une en 1739 par Joseph Briati, paroisse de l'Ange Raphaël, laquelle était célèbre par ses beaux ouvrages en cristal blanc et coloré, l'autre en 1790 par George Barbaria, paroisse des Jésuites, pour la fabrication des bouteilles à la façon anglaise (1).

Les usines des margaritaires, et les ateliers des fabricants de perles à la lampe, ont toujours été, par des lois particulières, concentrées dans la ville de Venise.

Aujourd'hui qu'il n'existe aucune loi restrictive sur ce sujet, on voit tant à Venise qu'à Murano des établissements où l'on travaille les émaux et les *conteries*.

Cependant comme Murano offre des emplacements spacieux, et autres commodités, les fabriques les plus remarquables se trouvent encore dans cette île.

(1) Ces deux fabriques n'existent plus.

CHAPITRE PREMIER.

Division générale des verreries vénitiennes.

Les verreries vénitiennes se divisent maintenant en quatre classes principales:

1. Fabriques d'émaux, perles de verre coloré, appelées en général, *jais*, *rocailles*, ou *conteries*.

2. Fabriques de gobeleterie et d'assortiments.

3. Fabriques de glaces ou miroirs.

4. Fabriques de verres à vitres.

Les fabriques de *conteries* sont celles qui, de préférence à toutes les autres, excitent plus particulièrement la curiosité des étrangers par la singularité de leurs productions, et parcequ'elles n'ont point de rivales dans aucun pays du monde.

Sous la dénomination de *conteries* on

comprend les petites perles à broder dites *marguerites, (margheritine)* et toutes les diverses espèces de perles en émail et en verre coloré, connues généralement sous le nom de perles de Venise. Nous parlerons d'abord de cette branche de fabrication.

CHAPITRE SECOND.

De la fabrication des perles de verre ou conteries, et de ses diverses branches.

La fabrication des *conteries* se divise en trois branches qui constituent autant de fabriques, ou de métiers séparés.

1. L'art de composer et de colorer les pâtes des émaux, et des verres. Cette branche constitue la partie chimique.

2. L'art que nous appelons *del margaritaio* (du margaritaire), ou celui de réduire les émaux en perles au moyen de fours expressément construits, et de procédés particuliers.

3. L'art du patenôtrier, émailleur, ou fabricant de perles à la lampe (1).

Le premier de ces arts est le plus important, et la base fondamentale des deux autres, puisqu' il leur fournit la matière nécessaire à leurs travaux. Il exige des connaissances théoriques et pratiques peu communes, ce qui fait que les moyens de préparation, c'est-à-dire les proportions des diverses matières qu'on y emploie pour composer les pâtes des émaux (assemblage), et la méthode de les colorer, passent encore comme des secrets de l'art.

Sous les lois de la République, chacun de ces trois arts était exercé séparément, le premier seulement à Murano, les deux autres à Venise; mais maintenant lorsqu'on visite une fabrique de *conteries*, on y voit tout le travail réuni, depuis le commencement, jusqu'au parfait achèvement des perles par le moyen du margaritaire.

L' art du fabricant de perles à la lampe

---

(1) Les ouvriers appartenants à cet art sont appelés *perlai* (perlaires).

en est encore séparé. Les ouvriers qui s'y appliquent demeurent à Venise, et ont leurs ateliers dans leurs propres habitations.

Les fabriques de *conteries* se subdivisent en deux classes, selon la qualité des objets manufacturés qu'on y produit, c'est-à-dire :

1. Fabriques d'émaux, ou de *conteries* fines.

2. Fabriques de rocailles, ou de *conteries* ordinaires.

Pour se faire une idée de ce genre de travail, il suffit de visiter une fabrique d'émaux, ou de *conteries* fines. Nous allons en donner la description (1).

(1) Dans l'île de Murano il y a maintenant quatre fabriques d'émaux en activité : celles de *Pierre Bigaglia q.^m L.*; de *A. Dalmistro et Ce* ; des *Héritiers de J. B. Santi*; et de *Coen frères*.

La première de ces fabriques, c'est-à-dire celle de P. Bigaglia, est une des plus grandes et des plus dignes d'observation, et aussi la plus commode à visiter pour Mess. les étrangers. Elle est située à l'entrée de l'île en venant de Venise.

Il existe aussi aujourd'hui à Venise deux fabriques de ces manufactures, une à St Léonard sous la raison L. Zecchin, l'autre à St Jerôme sous la raison Edme Voizot.

CHAPITRE TROISIÈME.

Description d'une fabrique d'émaux, ou de conteries fines, et des travaux qui s'y exécutent.

Quand on entre dans une de ces usines, la première chose à observer c'est la construction particulière des fours où se fait la fusion des pâtes des émaux.

Ces fours contiennent ordinairement trois, quatre, et quelquefois cinq pots ou creusets, séparés l'un de l'autre de manière à en pouvoir régler à volonté le feu selon la qualité du verre ou de l'émail qu'on doit y cuire.

Parmi les plus importants travaux qui se font dans ces fabriques, on comprend:

(*a*) Les tubes d'émail et de verre coloré de différentes qualités et grosseurs, qui sont puis coupés et réduits en perles par les ouvriers *margaritaires.*

(*b*) Les baguettes, ou cannes toutes pleines des mêmes matières qui sont employées dans la fabrication des perles par l'ouvrier patenôtrier, ou fabricant de perles à la lampe.

Dans les susdites fabriques l'on fait aussi les émaux pour mosaïques, et pour autres ouvrages de bijouterie, ainsi que les pâtes pour imiter toutes sortes de pierres précieuses.

L'opération qui a rapport aux tubes d'émail et de verre coloré pour les margaritaires, est la plus compliquée, et la plus digne d'observation. Il s'agit de réduire la matière vitrifiée en longs tubes, plus ou moins fins selon la grosseur des perles que l'on veut obtenir, mais de manière qu'ils se trouvent percés dans toute leur longueur.

Ce travail est exécuté par un chef-ouvrier appelé *scagner* (de l'escabeau), qui a sous ses ordres un ou deux assistants, et quatre tireurs (tiradori).

L'assistant commence l'opération : il tire du creuset, avec une petite barre de fer, longue d'environ quatre pieds, une portion d'émail bien fondu, et en l'arrondissant sur une plaque de fer ou de fonte (marbre) placée horizontalement, il lui donne une forme à peu près cylindrique : en même temps il creuse avec une pince le bout de cette espèce de cylindre.

Après cette préparation, le chef-ouvrier prend la barre de fer, réchauffe au degré nécessaire la portion d'émail, ayant soin que le trou, qui est formé, se conserve parfaitement dans le centre. Puis avec toute la promptitude possible il applique à l'extrémité supérieure du petit cylindre d'émail une autre barre de fer appelée *consaura*. Enfin les deux barres sont saisies par deux autres ouvriers (tireurs), qui courant tous les deux en sens opposé, réduisent cette portion d'émail, encore chaud, tendre et ductile, en une longue canne ou tube plus ou moins fin, parfaitement rond et percé dans toute sa longueur (1).

On remarquera que la finesse de ces tubes dépend, non-seulement de la quantité

(1) D'ordinaire on tire ces tubes d'une longueur d'environ 150 pieds. Outres les tubes ronds, on en tirait autrefois de triangulaires, de quadrangulaires, et d'autres en rubans unis et à raies de diverses couleurs.

d'émail employé, mais aussi de la course plus ou moins accélérée des tireurs.

Pour la manufacture des petites perles à broder (marguerites), il faut auparavant que les émaux soient réduits en longs tuyaux capillaires. C'est un genre de travail dans lequel se distingue, en degré éminent, l'industrie vénitienne, sans aucune concurrence étrangère.

La couleur des tubes varie selon la qualité des matières, et des oxides métalliques employés dans la composition de la pâte.

Il y a quelques espèces de perles, composées de deux couches d'émail de couleur différente appliquées l'une sur l'autre, et dans ce cas les tubes d'émail, ou de verre coloré sont faits exprès, et de la manière suivante.

L'ouvrier après avoir tiré du creuset avec sa petite barre de fer une portion d'émail opaque appelé *sottana*, qu'il réduit à la forme cylindrique, et après l'avoir creusé comme nous venons de le dire, il le recouvre d'une seconde couche d'émail transparent d'une autre couleur, qui est tout prêt en fusion dans un autre creuset. L'opération continue, et dans le tirage les deux émaux s'alongent uniformément dans toute la longueur du tube.

Si l'on recouvre un émail blanc opaque d'un émail couleur de rubis, on obtient une couleur très-vive de *cornaline*. En recouvrant un émail opaque jaune dn même émail couleur de rubis, on obtient une très-agréable couleur de corail, et l'on produit ainsi une variété de couleurs selon les diverses qualités des émaux qu'on emploie.

Pendant qu'on observe le tirage des tubes, il est bon de remarquer, que toutes les compositions des pâtes en couleur de rubis, de rose, et de jaune ambre, c'est-à-dire celles qui sont colorées par l'oxide d'or, ou par l'oxide d'argent, ne présentent pas immédiatement leur véritable couleur dans l'état de tubes, mais qu'elles la développent dans l'opération successive, lorsqu'on les soumet à l'action d'un second feu pour être réduites en perles.

Le travail de tirer les pâtes d'émail ou de verre coloré en longues baguettes, qu'on emploie dans la fabrication des perles à la lampe, est plus simple et plus expéditif que celui des tubes pour les margaritaires. Ces baguettes sont toutes pleines, et ont ordinairement trois lignes de diamètre.

Les émaux pour mosaïques, et pour objets de bijouterie, se réduisent en forme de petits gâteaux (pains), au moyen d'une opération encore plus simple, et plus aisée.

L'ouvrier enlève du creuset, au bout de sa baguette de fer, un peu d'émail en fusion et bien affiné, qu'il fait couler et s'étendre sur la plaque de fonte, que nous avons indiquée ci-dessus, où il prend naturellement une forme ronde aplatie du diamètre d'environ trois pouces. On introduit aussitôt ces pains dans un four de refroidissement (de recuisson), où on les laisse quelques heures, afin qu'ils refroidissent petit à petit, car si l'on ne prenait cette précaution ils se briseraient facilement.

Parlons maintenant de la réduction des tubes d'émail en perles, savoir de l'art du *margaritaire*.

CHAPITRE QUATRIÈME.

ARTICLE I.

Art du margaritaire, et distribution du travail.

Dans la plupart des grandes fabriques de *conteries* de Venise et de Murano il existe aussi des ateliers de margaritaires pour la réduction des tubes d'émail en perles. Cependant à Venise il y a encore quelques ateliers de margaritaires qui, comme nous l'avons dit dès le commencement, se bornent à la seule réduction des perles, dont le travail n'a rien à faire avec celui de la composition des pâtes des émaux et des verres colorés.

L'art du margaritaire se divise en six opérations principales :

1. Le triage des tubes d'émail et de verre coloré.

2. La coupe de ces tubes.

3. L'arrondissement, ou manière de les réduire à l'état de perles.

4. La séparation des diverses grosseurs des perles au moyen des cribles.

5. La polissure de ces perles.

6. La manière de les enfiler, ou d'en former des écheveaux (masses).

ARTICLE II.

Première opération — Du triage des tubes d'émail et de verre coloré.

Comme il est presqu'impossible que les tubes d'émail provenants du travail dont nous avons parlé ci-dessus aient le même diamètre dans toute leur longueur, il est nécessaire, avant de les couper, de les trier selon leur grosseur. Ce travail est ordinairement exécuté par des femmes qu'on appelle *cernitrici* (trieuses), lesquelles font avec beaucoup d'adresse le triage entre leurs doigts.

ARTICLE III.

Seconde opération – De la coupe, ou manière de tailler les tubes d'émail.

Les tubes cylindriques d'émail, triés ou divisés par grosseurs, passent aux *tailleurs* qui les réduisent en petits morceaux parfaitement uniformes.

L'ouvrier est assis sur une petite chaise : il tient entre ses jambes un petit banc où est fixé perpendiculairement un ciseau d'acier, d'environ trois pouces de largueur, parallèle au quel il y a un demi-cylindre appelé *scontro* ou *régulateur*, qui sert de guide pour tailler les tubes de la mesure voulue.

Le même ouvrier prend une poignée de ces tubes, les étale dans sa main gauche, et en pose horizontalement l'une des extrémités sur le ciseau à demeure : puis avec un autre ciseau de la même grandeur, qu'il tient dans sa droite, d'une main ferme, il donne de petits coups rapidement répétés sur les tubes qui avancent à mesure, et qui se trouvent tous réduits en petits morceaux réguliers.

Le capitaine Longo inventa, il y a environ vingt-cinq ans, une machine à tailler les tubes d'émail pour remplacer le travail manuel. Cette machine contient quatre, ou six ciseaux à demeure placés horizontalement en ligne droite, et d'autres ciseaux batteurs sont montés sur un manche courbe en forme de marteau. Ces derniers sont mis en mouvement au moyen d'un cylindre, et le coup porte sur les ciseaux à demeure. Les tubes d'émail sont placés perpendiculairement à ces ciseaux, et s'abaissent par leur propre poids, en sorte qu'ils reçoivent le coup qui les taille successivement à leur base. Cette machine a besoin au moins de deux ouvriers, l'un qui tourne le cylindre, et l'autre qui substitue continuellement de nouveaux tubes à ceux qui sont coupés. Ce dernier ouvrier a aussi le soin d'affiler, quand il le faut, les ciseaux batteurs.

Cependant, comme cette machine n'opère pas avec toute la précision nécessaire, et avec un avantage convenable pour toutes les grosseurs, et pour toutes les qualités de tubes, elle n'a pas été adoptée généralement.

Les morceaux d'émail qu'on obtient, soit à la main, soit à la mécanique, sont angulaires et tranchants, il faut donc les soumettre à une opération au moyen de laquelle ils acquièrent leur rotondité.

Préalablement cependant, il passent à l'ouvrier appelé *schizzadore*, proprement *cribleur*, car c'est au moyen d'un crible qu'il sépare les morceaux, ou les petits tubes, des débris de la coupe (*coupage*).

ARTICLE IV.

Troisième opération – Manière d'arrondir les perles dans les fourneaux du margaritaire.

Les petits cylindres d'émail taillés régulièrement sont arrondis et réduits en perles dans des fourneaux faits exprès.

Ils sont de deux sortes: fourneaux *à ferraccia*, et fourneaux *à tube*.

Autrefois on ne travaillait qu'avec des fourneaux à *ferraccia*, mais en 1817 M. Louis Businich introduisit des machines, ou tubes, au moyen desquels les perles, et principalement les margaritines, obtiennent une rotondité plus parfaite.

Les machines à arrondir sont de diverses matières: en fonte, en fer laminé, et en feuilles de cuivre. Leur forme est semblable à la culasse d'un canon: elles ont environ seize pouces de longueur, et sont traversées longitudinalement et au centre par une barre de fer sur laquelle elles sont fixées, et qui leur sert d'axe.

Les perles s'arrondissent de la manière suivante:

On verse les petits morceaux d'émail, taillés comme nous venons de le dire, dans un mélange de chaux et de charbon broyés et réduits en poudre extrêmement deliée, un peu humectée d'eau: on brouille les morceaux d'émail avec ce mélange, que l'on nomme *siribiti*, et en frottant le tout ensemble entre les mains, il en resulte, que la poudre pénètre dans le trou de ces petits cylindres, et le bouche momentanément, ce qui se fait exprès pour conserver le même trou dans l'opération suivante.

On prend une quantité convenable de ces morceaux d'émail, ainsi préparés, et on les verse dans la machine, ou tube, à arrondir, en y joignant une portion de sable, et quelquefois même de charbon en poudre, selon la qualité des émaux. Cette seconde préparation sert à empêcher que par l'action du feu les susdits morceaux d'émail taillés, ne s'attachent l'un à l'autre. On introduit enfin le tube dans le fourneau : on le fait tourner sans cesse exposé à l'action d'un feu trés-vif, qu'on augmente ou diminue selon le besoin, et lorsque les morceaux de verre ont émoussé leurs arêtes, et qu'ils ont atteint leur rotondité, c'est-á-dire qu'ils sont réduits en perles, on les verse dans un récipient de cuivre ou de fer, et on les y laisse refroidir. Enfin au moyen d'un crible, on sépare les perles du sable, et pour faire sortir de leur trou le mélange qu'on y avait introduit, on les met dans un sac pour y être fortement secouées.

Le travail qu'on fait dans les fourneaux à *ferraccia* est bien différent.

On appelle *ferraccie* certaines poèles de cuivre du diamètre de dix à douze pouces environ, qui servent à arrondir quelques espèces de perles, et principalement les plus grosses, et les conteries ordinaires.

La *ferraccia* qui contient les morceaux de verre ou d'émail à arrondir, est introduite dans un fourneau à réverbère dans lequel on entretient un feu très-vif: on remue continuellement avec une baguette de fer ces morceaux d'émail, ou de verre coloré, mêlés au sable, ou au charbon en poudre, et lorsque les perles sont arrondies, on les met refroidir, et on les débouche de la même manière que nous avons dit tout à l'heure en parlant des machines à tube.

Les fagots de saule bien sec, sont le combustible que l'on préfère dans ce genre de travail.

ARTICLE V.

Quatrième opération – De la séparation des perles par grosseurs au moyen des cribles.

Après avoir obtenu des perles rondes de la façon qui vient d'être indiquée, elles passent à un autre ouvrier appelé *governadore*, lequel au moyen de cribles les uns plus serrés que les autres, sépare les perles selon leurs divers degrés de grosseurs. Puis il prend une tablette de bois bien unie sur laquelle il verse une poignée de perles : il tient cette tablette un peu inclinée, il l'agite doucement, de manière que les perles qui sont parfaitement rondes se séparent de celles qui ne le sont pas. Ces dernières demeurent sur la tablette, tandis que les autres au contraire, roulent rapidement en bas.

ARTICLE VI.

Cinquième opération – De la polissure des perles.

Les perles sont encore remises à un ouvrier appelé *lustratore* (polisseur), pour leur enlever toute la poussière qu'elles contiennent, tant à l'intérieur, qu'à l'extérieur, et pour leur donner le brillant nécessaire. A` cet effet on les jette dans un sac avec un peu de sable et on les secoue, puis on ôte le sable au moyen d'un crible: enfin on les met dans un autre sac avec une certaine quantité de son : on les secoue de nouveau: on ôte le son, et les perles se trouvent d'un parfait brillant.

ARTICLE VII.

Sixième opération – De la manière d'enfiler les perles.

Cette opération est la dernière. Les perles sont passées à des femmes qui au moyen d'aiguilles longues, et très-fines les enfilent, et les réduisent en écheveaux (en commerce *masses*), de diverses grandeurs selon la qualité et la grosseur des perles: p. ex. les margaritines à broder sont enfilées en masses de cent et vingt fils de cinq pouces de longueur.

C'est en cet état que les perles sont arrangées pour les livrer au commerce.

CHAPITRE CINQUIÈME.

Des perles à facettes et des perles dépolies.

Avant d'abandonner ce sujet de la fabrication des conteries, il est bon de faire aussi mention des perles à facettes, et des perles dépolies.

Comme les pierres précieuses lorsqu'elles sont taillées et polies acquièrent plus de brillant, et une apparence plus agréable, on a pensé de brillanter aussi les margaritines ou perles à broder, et d'autres qualités de perles, et vraiment les margaritines ainsi brillantées produisent un très-bel effet dans les tissus et dans les broderies où on les emploie.

C'est en Bohême que l'on brillante nos perles avec toute facilité, et à des prix très-modérés. Par conséquent c'est là qu'on les expédie depuis long-temps pour les assujettir à ce nouveau travail. Il faut remarquer qu'en Bohême on fait aussi des perles en cristal coloré et brillanté ; mais c'est un genre de travail tout-à-fait différent dont il ne faut pas confondre les produits avec ceux des fabriques de Venise.

D'autres perles sont au contraire dépolies dans nos fabriques, c'est-à-dire qu'on y fait perdre son brillant au verre qui au moyen de cette opération acquiert une demi-transparence.

CHAPITRE SIXIÈME.

De l'art du patenôtrier ou fabricant de perles à la lampe (perlaire).

L'art du *perlaire*, anciennement patenôtrier ou fabricant de perles à la lampe, constitue une des principales branches de l'industrie vénitienne des *conteries*, et est digne d'une attention particulière.

Le perlaire dans son travail emploie comme matière première des baguettes toutes pleines d'émail ou de verre coloré, et au moyen de la flamme d'une lampe, il donne à ses perles la forme qu'il veut obtenir, et les enjolive de couleurs et de dessins variés.

Nous devons adresser à Venise ceux de nos lecteurs qui désirent observer ce travail, car comme nous l'avons dit précédemment, les *perlaires* tiennent leurs ateliers dans leurs propres habitations. (1)

ARTICLE II.

Description du travail du perlaire, ou fabricant de perles à la lampe.

Il y a sur un établi une lampe alimentée par du suif fondu, et dont la flamme au moyen d'un soufflet est dirigée en ligne

---

(1) Parmi les principaux ateliers de perlaires qui sont à Venise, nous indiquerons les deux suivants: celui d'Ange Giacomuzzi paroisse de S. *Marziale* où l'on travaille les mosaïques d'or, l'autre de I. B. Franchini paroisse de St. *Alvise*. Ce dernier fabricant se distingue par les ouvrages d'émaux dits à *mille-fleurs*.

horizontale et diamétralement opposée à la place qu'occupe l'ouvrier. (1) Celui-ci tient dans sa main droite un morceau de baguette d'émail ou de verre coloré : il la met en contact avec la flamme, en tenant dans sa main gauche un fil de fer enduit d'un mélange de colle forte, de chaux, et de terre blanche de Vicence, ce qui empêche les perles de s'attacher au fil.

(1) Au lieu du suif fondu qui est généralement employé comme combustible, l'auteur de ce livre a obtenu en 1843 un brevet d'invention pour l'application du gaz hydrogène carburé. Les éssais qu'on en a faits pour ce genre de travail nous assurent d'un bon résultat.

En effet, avec la flamme de ce gaz, les émaux développent des couleurs plus vives et plus agréables, particulièrement ceux qui sont colorés en rouge avec l'oxide d'or. D'ailleurs on obtient un plus grand produit à cause de la force de la flamme qui se maintient toujours uniforme, et enfin une économie sensible dans les frais.

Malgré l'évidence de tous ces avantages, comme tout ce qui en fait d'industrie s'éloigne de la routine, et des habitudes du pays, est difficilement adopté, et rencontre dans le commencement beaucoup d'entraves et d'obstacles, le travail des perles à la lampe continue d'après l'ancienne méthode que nous décrivons.

La baguette d'émail, ou de verre colore s'échauffe et se fond dans un instant, et s'entortille sur le fil de fer, prenant une forme ronde. L'ouvrier d'ailleurs donne aux perles la forme qu'il désire, ou par le seul mouvement des doigts, ou avec de petits moules.

Pour dessiner sur les perles, des fleurs ou autres ornements, l'ouvrier prend des fils d'émail de différentes couleurs qu'il fond à la lampe, et il exécute ainsi toutes espèces de dessins comme on le ferait avec un pinceau.

Un autre travail remarquable du perlaire c'est de réduire le verre en fils d'une extrême finesse semblables à la soie. Ce travail qui a dernièrement causé tant d'étonnement en France et en Belgique, est connu ici depuis fort long-temps.

On file le verre d'une façon très-aisée. Il ne s'agit que de l'allonger en le tirant pendant qu'on le maintient amolli et presque fondu moyennant la flamme d'une lampe. A' cet effet on attache un bout du fil de verre à un rouet, d'environ deux pieds et demi de diamètre, qu'on tourne avec rapidité : le verre s'allonge, se devide **sur la cir-conférence** du rouet, et se trouve réduit **en** écheveaux. Les fils en sont de différentes couleurs, selon la qualité du verre que l'on emploie.

Comme le verre filé est bien flexible on peut s'en servir pour la fabrication de divers tissus. M.ᵣ Olivo de Venise a été le premier à se distinguer dans ce genre de travail faisant aussi avec des fils de verre des paniers, des corbeilles, des petits va-ses, et autres objets. Puis M.ᵣ Tommasi per-fectionna ces ouvrages de manière à **ne** laisser rien, ou presque rien à désirer.

Avec les fils de verre entrelacés aux fils de soie on fait aussi des étoffes pour tapisseries ; mais quelque belle que soit l'apparence de ces tissus, on ne doit s'en servir qu'avec grande précaution, car quoique les fils de verre soient préparés de manière à être collés ensemble, il arrive pourtant quelquefois, que l'un ou l'autre cède ou se brise, et les petits morceaux de fil de verre, qui sont presque imperceptibles et très-aigus, pourraient causer des blessures très-petites, à la vérité, mais en même temps très-fâcheuses, si l'on en était piqué.

Il est bon d'observer, qu'il ne faut pas confondre ce genre de travail avec l'ancienne fabrication des verres à dentelles et à filigrane du ressort des fabriques de Murano, et dont nous parlerons dans un des chapitres suivants.

CHAPITRE SEPTIÈME.

Des diverses qualités de perles, et autres objets, connus dans le commerce sous le nom de conteries.

De tout ce que nous venons de dire on peut résumer, que les perles connues dans le commerce sous le nom de *conteries* se divisent en trois classes principales :

1. Perles appelées *margaritines* pour la broderie, ou dans le commerce *charlottes*.

2. Perles ou *conteries*, proprement dites, de diverses grandeurs et qualités, connues généralement aussi sous le nom de *jais*, et de *rocailles*.

3. Perles travaillées à la lampe, qu'on emploie à faire des chapelets, des colliers pour femmes, des bracelets, des boucles d'oreilles, des têtes d'épingles, ecc.

Les fabriques de Venise et de Murano se distinguent encore, comme nous l'avons dit ailleurs, par les émaux en pains de diverses couleurs qui sont recherchés dans toute l'Europe, et que l'on emploie dans les mosaïques, dans les cadrans de montres et de pendules, et dans mille objets de bijouterie. L'imitation de toute espèce de pierres précieuses mérite aussi d'être mentionnée, surtout la célèbre *aventurine* ou astroïte, composition singulière dans laquelle brillent avec éclat un amas d'étincelles ou de paillettes qui semblent d'or.

CHAPITRE HUITIÈME.

Des fabriques à Murano de verres et de cristaux proprement dites.

ARTICLE I.

Notions générales et division des dites fabriques.

Sous le nom de Verreries, on distingue présentement, comme nous l'avons dit dès le commencement,

1. Les fabriques de gobeleterie et d'assortiments,

2. Les fabriques de glaces ou miroirs,

3. Les fabriques de verres à vitres.

En général ces fabriques jouissent d'une antique renommée. Dans le moyen âge, quand l'industrie chez la plupart des nations de l'Europe demeurait dans l'inertie par la force des circonstances d'alors, Venise au contraire, florissante par son commerce, se distinguait encore par les arts, par les manufactures, et entr'autres par ses verreries.

4

Ces manufactures, nées pour ainsi dire, avec la nation, firent des progrès immenses par le développement des relations commerciales de cette ville, et la célébrité des verreries de Venise retentit bientôt dans toute l'Europe. (1)

(1) Parkes dans ses *Essais chimiques*, page 90 Tome IV de la traduction en italien : Milan 1821 dit : « *Le gouvernement français fit beaucoup d'ef-* » *forts au commencement du XIV siècle pour en-* » *courager les fabriques de verres et de cristaux.* » *Il ordonna en outre, qu'à la noblesse seule ap-* » *partiendrait à l'avenir le droit exclusif d'exploi-* » *ter cette fabrication* ».

» *Le gouvernement (ajoute-t-il), fut probable-* » *ment obligé de concéder ce privilège, parcequ'il* » *vit les sommes immenses qu'on exportait à l'é-* » *tranger, et surtout à Venise pour l'achat de* » *ces produits, et parcequ'il y avait alors à Murano* » *une si grande activité, que toute l'Europe en* » *était surprise.* »

Hougton dans ses *Observations sur l'économie domestique et commerciale* (Tom. II, pag. 43), et Parkes, comme ci-dessus à la pag. 96, rapportent, que le duc de Buckingam, voulant élever une grande manufacture de verre et de cristaux, recourut à Venise en 1670 pour avoir quelques ouvriers.

Enfin le même Parkes rapporte encore, (pag. 93) que sous le ministère Colbert quelques français parvinrent à découvrir le système employé à Murano dans la fabrication du cristal, et que rentrés

L'historien Sabellico vénitien, en parlant de Murano, décrit dans les termes suivants les admirables produits des manufactures en verre de mille couleurs, et de formes innombrables, qui en sortaient au commencement du XVme siècle : « *Vitrariis officinis praeci-* „ *pue illustratur... in mille varios colores,* „ *inumerasque formas caeperunt (hominum* „ *ingenia) materiam inflectere : hinc cali-* „ *ces, phialae, canthari, lebetes, cadi, can-* „ *delabra, omnis generis animalia, cornua* „ *segmenta, monilia : hinc omnes humanae* „ *deliciae : hinc quicquid potest mortalium* „ *oculos oblectare, et quod vix vita ausa es-* „ *set sperare. Nullum est pretiosi lapidis* „ *genus, quod non sit vitriaria industria i-* „ *mitatum. Suave hominis et naturae certa-* „ *men !... magna ex parte vicus hujusmo-* „ *di fervet officinis.* „ (1)

dans leur patrie, ils y perfectionnèrent ceux qui étaient alors en usage.

(1) Marci Antonii Cocci Sabellici de Venetae Urbis situ. Lib. III. pag. 26, edit. Lugduni Batavorum.

Même dans la suite, et jusqu'aux derniers temps de la République de Venise, cet art se maintint à un tel degré de perfectionnement, qu'il ne laissa rien à désirer.

On connaît en effet la magnificence des objets de verre, et principalement les desserts, (trionfi) qui décoraient les banquets publics du Doge, et les tables des nobles patriciens.

Le travail des lampes de verre ornées de feuilles et de fleurs, qui pendaient dans les salles, et dans les appartements des palais de Venise, était surprenant, et sans énumérer ici toute la série de travaux élégants en ce genre, qui sortaient des fabriques de Murano, qu'il suffise de dire que quelque objet, que l'on désirât, s'y exécutait en verre avec la plus stricte précision, et avec une promptitude étonnante.

Un produit tout-à-fait extraordinaire était celui des verres à filigrane, et des verres à dentelles, soit en blanc, soit en couleur. On conserve encore avec beaucoup de soin dans les anciennes familles, et dans quelques musées de ces verres, dont le travail réclame vraiment toute l'attention de l'ami des arts. (1)

Mais la chute de la République de Venise, l'abolition des corporations d'arts et métiers, et l'introduction des diverses espèces de cristaux diamantés de la Bohême, portèrent un préjudice non indifférent aux fabriques de Murano, dont le nombre s'est beaucoup restreint, et celles, qui existent encore aujord'hui, se bornent à la fabrication des objets les plus ordinaires. En conséquence, en visitant ces fabriques, il faut leur tenir compte plutôt de ce qu'elles furent, que de ce qu'elles sont maintenant.

(1) L'auteur de ce livre, ayant eu égard aux demandes réitérées, qui se faisaient journellement de cette antiquité, s'est occupé de reproduire dans sa fabrique d'émaux à Murano ce genre de travail depuis longtemps abandonné. Il a eu l'honneur, de voir ses nouveaux verres à filigrane et à dentelles favorablement accueillis en 1838 à Vienne dans la Galerie particulière de S. M. l'Empereur; puis à Paris dans celle de S. M. Louis Philippe; à S. Petersbourg par S. A. I. R. le Grand-Duc prince héréditaire de Russie; à Turin dans le Musée Royal, etc.

Il a en outre obtenu en 1842 le prix d'encouragement accordé par l'Institut des Arts du Royaume Lombard-Vénitien.

CHAPITRE NEUVIÈME.

Visite à une fabrique de gobeleterie et d'assortiments (1).

Les fours sont construits de manière que plusieurs des creusets contenant le verre sont placés en cercle sous une seule voûte et sur un même plan. Le feu entretenu au dessous pénètre par un trou pratiqué dans le centre, et réchauffe en même temps tous les vases.

Lorsque le verre est en parfaite fusion, sans bulles, et bien affiné, l'ouvrier avec un tube de fer en enlève une partie: puis en soufflant dans ce tube, l'air gonfle le verre, et on l'amène à la forme voulue, en se servant à cet effet de pinces faites exprès.

Pour d'autres articles on se sert de

(1) L'étranger pourra s'adresser à l'une des trois fabriques suivantes, qui travaillent de ces articles à Murano. A' la fabrique de *Boniface Santi*, à celle de *Bernard Andreotta*, ci-devant des *Molla*, et à celle de *Zanetti*. Elles sont ici indiquées dans l'ordre, qu'elles se présentent, en entrant à Murano.

moules de terre, ou de métal, dans lesquels on souffle le verre pour obtenir des formes régulièrement pareilles.

Ce qui distingue encore l'industrie des ouvriers de Murano, c'est la promptitude avec laquelle ils font, quand le besoin l'exige, certains travaux, même d'une grande dimension, à main levée.

Les verres soufflés, ainsi travaillés, se casseraient avec facilité, si on les laissait aussitôt exposés à l'air, et si on les faisait refroidir immédiatement. C'est pourquoi on les transporte dans un four dit de *recuisson,* où ou les laisse quelques heures. Ce four est ordinairement construit à voûte au dessus du four de fusion, et il en reçoit la chaleur nécessaire.

Au sortir du four de recuisson, il n'y a plus qu'à transporter ces verres dans les magasins, et les exposer en vente.

CHAPITRE DIXIÈME.

ARTICLE I.

Des fabriques de glaces de Murano.

Les fabriques de glaces de Murano, se-lon l'opinion universelle, doivent être consi-dérées comme celles, d'où se sont propa-gées toutes les autres, qui ont été successi-vement érigeés en Europe. (1)

Les anciennes glaces de Murano jouis-saient d'une célébrité toute particulière, puis-que celles même de dimensions extraordi-naires, appelées *hors de mesure*, ne s'y fa-briquaient que soufflées.

Dans les derniers temps de la Républi-que de Venise, en 1797, il y avait à Mura-no quatre de ces fabriques : une de glaces de grands dimensions (*quari grandi*), et trois

(1) Poppe, *Manuale di tecnologia,* Chapitre sur la fabrication des glaces.

Traduction de l'original allemand. Padoue 1821. Tom II. pag. 73.

de moindres dimensions (*quari piccoli*). Maintenant aucune de ces fabriques n'y est en activité. La méthode de souffler les grandes glaces est à présent abandonnée, et l'on se sert comme en Bohême du cylindre au moyen du quel les glaces de grande dimension principalement reviennent à meilleur marché et se font avec plus de sécurité.

En 1840 MM. Zecchin et C. avaient établi à Murano une fabrique de ces glaces dans laquelle on avait introduit la nouvelle méthode de fabrication à l'instar de la Bohême. Quoique cette fabrique ne soit plus aujourd'hui en activité, nous donnerons néanmoins ici en abregé le détail du genre de travail qu'on y avait adopté.

La fabrication des glaces se divise en quatre parties principales,

1. La fabrique des grandes glaces brutes pour miroirs. = 2. La polissure. = 3. Le lustrage. = 4. L'étamage.

A' Murano l'on n'exécutait que la première de ces opérations, les trois autres se faisaient séparément à Venise.

ARTICLE II.

Première opération. – De la fabrication des grandes glaces brutes pour miroirs, selon la méthode à cylindre.

Lorsque la matière vitrifiable enfournée est bien affinée, c'est-à-dire qu'elle est limpide et sans bulles, un ouvrier, au moyen d' un tube de fer, enlève du creuset une certaine quantité de verre, à la quelle, à l'aide d'autres ouvriers, et d'outils à cela destinés, il donne en soufflant la forme d'un grand cylindre creux, que l'on fend dans toute sa longueur.

Ce verre ainsi préparé est transporté dans un four à étendre, construit sur un plan parfaitement horizontal et uni. Là avec un cylindre de fer, qu'on fait passer plusieurs fois dessus, on en fait une glace, dont la dimension est plus ou moins grande, selon la grosseur qu'on lui donne. Cette glace passe de là dans le four de recuisson, ou de refroidissement, où on la laisse jusqu'à ce qu'elle

soit tout à fait froide, autrement elle cour-
rait risque, comme les autres verres, de se
fendre à l'action de l'air extérieur. C'est
ainsi, que se font les glaces brutes pour
miroirs.

En France, et en Angleterre, on suit
pour les glaces de dimensions extraordinai-
res la méthode du jet, ou *coulage*. Dans ce
cas la matière vitrifiée du creuset est versée
sur une grande plaque de cuivre unie et
bien polie, appuyée sur un trépied à roulet-
tes pour la facilité du transport d'un lieu à
un autre; puis on passe dessus à plusieurs
reprises le cylindre de fer préalablement
réchauffé.

Il résulte de ce que nous venons de dire,
qu'il y a trois méthodes principales de fabrication des glaces.

1. Le soufflage, qui est la plus ancienne,
est encore en usage en plusieurs endroits,
pour les glaces de petite dimension.

2. Le soufflage, et le cylindre.

3. Le coulage, ou jet. (1)

(1) Dans les traités de technologie on trouve des
méthodes particulières, et plus circonstanciées sur

Mais quelque méthode, que l'on suive, les glaces brutes ne sont jamais à leur surface aussi unies qu'il est nécessaire. C'est pourquoi l'on est obligé de procéder aux opérations suivantes.

ARTICLE III.

Seconde opération – De la polissure des glaces brutes pour miroirs.
Troisième opération – Du lustrage des glaces.

Il est nécessaire de soumettre les glaces brutes à ces deux opérations pour les rendre partout d'une égale épaisseur, pour que leurs surfaces soient parfaitement droites, enfin pour leur donner un poli éclatant, qui, faisant un de leurs principaux mérites, les rend propres à transmettre avec uniformité les rayons de lumière, et à réfléchir l'image fidèle des objets par l'étamage qu'on y applique.

Ces opérations s'exécutent à Venise par

la fabrication des glaces. Nous y renvoyons les lecteurs qu'il intéresserait de s'instruire, plus profondément de cet art.

les ouvriers appelés *specchiai* (miroitiers),
qui formaient autre fois une classe séparée,
et fort considérée. (1)

Pour obtenir la polissure des glaces a-
vec la plus grande promptitude, on avait
dans ces derniers temps fait ériger à Mania-
go dans la province du Frioul une machine à
l'instar de celles de Bohême, mue par la
force de l'eau, au moyen de laquelle on pouvait polir douze à vingt glaces à la fois.

ARTICLE IV.

Quatrième opération – De l'étamage.

Les glaces de verre se réduisent en miroirs en étendant sur une de leurs faces une
feuille d'étain mêlée avec du mercure. Cette

___

(1) En 1564 les miroitiers formèrent une Com-
munauté, qui était réglée par un Code particulier,
(matricola) divisé en chapitres. On lit dans l'avant-
propos de ce Code: « *Noi Stephano de Polonio, Ba-*
» *stian de Zanetto, et Nicolò di Tonnini habbiamo*
» *reddutto li Capitoli, che già forno principiadj et*
» *exequidi fino dall'anno 1564 in qua, che fu prin-*
» *cipiada la nostra fraterna, nella presente Matri-*
» *cola.* » ec.

opération se fait encore comme précédemment à Venise par les ouvriers du métier.

Nous croyons qu'il n'est pas superflu de faire ici mention du travail à la meule, ou de la gravure sur glace, anciennement fort en usage à Venise, au moyen de la quelle on faisait tout autour des miroirs des ornements très-élégants, et de fort jolis groupes de figures. L'étamage ne s'appliquait qu'après la gravure, de sorte que le dépoli de celle-ci, formait un contraste agréable avec le brillant du reste du miroir.

CHAPITRE ONZIÈME.

Fabriques de verre à vitres, de cloches ou globes de Verre etc.

La fabrication des verres à vitres, qui sont un objet de première nécessité pour nous procurer la lumière dans nos habitations, et nous garantir en même temps contre l'intempérie des saisons, est certainement une des premières productions des verreries de Venise.

Selon ce que rapporte Parkes, d'après Beda, un des plus anciens historiens d'Angleterre, (1) on prétend que ce furent des ouvriers de Venise, que fit venir de l'étranger l'abbè Benoît en 674 pour poser des vitres au Couvent de Weremouth.

Les plus anciennes vitres, qui se soient faites à Murano, avaient une forme ronde du diamètre de trois pouces : On les appelait *rui* (rouleaux) (2). On en voit encore dans plusieurs anciens palais de Venise, où on les conserve, non-seulement pour l'aspect singulier qu'elles présentent, mais même comme des marques d'antiquité.

Ou fabriquait aussi autrefois à Murano une immense quantité de verres colorés pour les fenêtres des églises.

La forme des verres à vitres a varié avec le goût des divers temps. Dans le commen-

(1) Parkes, Tom. IV, pag. 87.
(2) Sans doute du mot *rullare* (*rouler*), parcequ'en les fabriquant on doit, avec beaucoup d'adresse, rouler sur son axe la canne de fer, qui contient dans son extrémité la matière vitrifiée afin que celle-ci, par l'effet de la force centrifuge, puisse se dilater et prendre une forme ronde.

cement du XVII siècle un certain Jérôme Magagnati fut le premier, qui introduisit la méthode de travailler des verres à vitres, ayant la forme de grands carreaux, ou des glaces à miroir sans l'étamage pour les employer dans les fenêtres au lieu des verres appelés *Rui*. C'est ce qu'on apprend des deux déterminations des Chefs du Conseil des X en date du 11 Février 1604, et du 13 Mai 1605 (1).

A' la fin du siècle dernier il y avait à Murano vingt-un fours de vitres moyennes, sans compter les vitres de grande dimension qui sortaient des fabriques de glaces, ainsi que les glaces sans étain, que les riches mettaient à leurs fenêtres. (2)

Il n'existe plus maintenant à Murano qu'une seule fabrique de verres à vitres con-

(1) On y lit: *Gerolamo Magagnati... di poter far li vetri di color topazzo e giacinto... e di poter far lavorar in Murano nova invenzione de' vetri da specchio da lui inventata...* Comme ce Magagnati n'appartenait pas à la classe des fabricants de Murano, il avait besoin d'une autorisation particulière des Chefs du Conseil des X.

(2) Chacun des fours de vitres moyennes avait cinq vases, dont le produit était en grande partie expédié dans le Levant.

tinuellement en activité ; car ce que l'on peut quelquefois faire de petites vitres dans les autres verreries, ne mérite pas qu'on en tienne compte.

La fabrique dont nous parlons est un vaste établissement formé en 1826 par M. M. Marietti frères de Milan, à l'instar des fabriques françaises. Elle est située à l'entrée de l'île de Murano du côté de Venise, et elle mérite d'être visitée non-seulement pour ce qu'on y fabrique, mais même pour le bon ordre avec lequel elle est dirigée.

Les verres à vitres dans cette fabrique se font de la manière suivante :

Dans un grand four il y a ordinairement dix creusets, cinq d'un côté, et cinq de l'autre en ligne droite, et lorsque la matière vitrifiante est bien affinée, tous les ouvriers sont à leurs places respectives, et commencent en même temps le travail. Chaque ouvrier enlève du vase une quantité de verre proportionnée à la grandeur de la vitre à exécuter et en soufflant il l'amène d'abord à la forme d'un manchon, ou cylindre creux, et il répète cette opération jusqu'à extinction de la matière que contient le vase. Les cylindres sont ensuite ouverts par un autre ouvrier dans toute la longueur au moyen d'une baguette de fer rougie à l'une de ses extrémités qu'on fait passer plusieurs fois sur la ligne où l'on veut les ouvrir.

Les cylindres ainsi fendus s'introduisent dans un four construit séparément à base plane entretenu à un haut degré de chaleur, où ils s'étendent et deviennent des vitres, qui passent enfin dans le four voisin de recuisson (refroidissement).

On taille ensuite ces vitres avec un diamant à la grandeur voulue, et on les met en vente.

On fabrique aussi dans cet établissement des globes ou cloches de verre pour recouvrir les vases de fleurs, et des bouteilles de toute espèce à l'instar de celles de France et d'Angleterre.

CHAPITRE DOUZIÈME.

Coup d'oeil sur l'origine, et sur le commerce ancien et moderne des Conteries à Venise.

On sait que les anciens Egyptiens se sont rendus célèbres non-seulement par leurs fabriques de verre, mais même par leur poterie d'argile qu'ils savaient recouvrir d'une superficie de verre de diverses couleurs. C'est ainsi qu'ils faisaient des vases, des ustensiles de ménage et une quantité d'objets de parure, comme perles, amulettes ec., dont nous voyons encore fournies une grande partie des momies (1).

Rien de plus facile que les Vénitiens qui, dès le VI et le VII siècles, fréquentaient

(1) Il existe dans l'île de S. Lazare à Venise chez les Pères Arméniens Méchitaristes une momie qui a un long tablier tissu de perles de diverses formes, et de diverses couleurs qui semblent de verre, et qui pour telles étaient même généralement tenues ; mais l'Auteur, après examen, les a reconnues d'argile recouverte de verre coloré. Les dessins représentent des hiéroglyphes égyptiens.

les ports de l'Egypte, et qui, en même temps qu'ils étendaient leur commerce, cherchaient à introduire dans leur pays de nouveaux genres d'industrie aient tiré des perles des Egyptiens quelques indices de la fabrication des perles de verre et d'émail dans laquelle il se distinguèrent et se distinguent encore aujourd'hui.

La fabrication de ces perles commença à prendre de l'essor à Venise dans le XIII siècle, selon l'opinion des savants qui ont écrit sur cette matière. (1)

On rapporte que Marc Polo vers le même temps, de retour de ses voyages dans l'intérieur de l'Asie et sur les côtes de l'Océan indien, ayant fait connaître les mœurs des peuples qu'il avait visités, et leur goût pour les agathes, les grenats, et pour toutes espèces de pierres précieuses, encouragea nos fabricants de verre à les imiter.

Christophe Briani est le premier dont le

(1) Mémoire inédit sur l'île de Murano par le Conseiller Neumann Rizzi; et Mémoire sur les Verreries de Venise, par le Conseiller Rossi, lu à l'Athénée de Venise en 1841.

nom nous est resté, qui s'en soit occupé : il continua ses expériences avec Dominique Miotto son collègue, et tous deux parvinrent à colorer le verre de manière à imiter ces mêmes pierres précieuses.

La première expédition qui fut faite à Bassora de ces perles eût le plus heureux succès, ce qui encouragea Miotto à faire des élèves, et à créer un nouvel art en verrerie, c'est-à-dire l'art du *margaritaire* du nom des grenats, et des autres pierres précieuses qui étaient alors connues à Venise sous le nom générique de *marguerites.*

On dit qu'avant la fabrication des perles de verre, celle des perles d'os et de bois, pour chapelets et rosaires existait déja à Venise, d'où on les expédiait pour la Terre-sainte.

Plus tard un certain André Vidaore introduisit le travail des perles au moyen de la flamme d'une lampe. Il en fabriqua ainsi quelques unes bariolées de couleurs diverses, et d'autres ornées de dorures. En 1528 il obtint du Comité de surveillance des arts et métiers une matricule, et fonda l'art des

perlaires anciennement appelés *supialume*
(souffle-lumière) (1).

Comme ces objets s'adaptaient au goût
des nations de l'Orient auxquelles on les expédiait, parcequ'ils s'adaptaient à leurs usages, les vénitiens en étendirent la fabrication
et obtinrent un débit incroyable qui s'accrut toujours davantage, et s' étendit outre
mesure.

Les perles de Venise se vendaient aux
marchands qui arrivaient dans les ports de
la Mer Noire, du Suristan et de l'Egypte, où
elles s'échangaient contre les épices, et contre les aromates provenant de l'intérieur de
l'Asie. (2) De là les caravanes les transpor-
taient jusqu'en Chine, et les répandaient
dans toutes les îles de l'Océan indien. (3)

(1) Mémoires de Neumann, et de Rossi.
(2) Marin, Histoire civile et politique du Commerce des vénitiens Tom. IV, lib. II, pag. 172. Venise
1800.
(3) Une des routes principales de l'ancien commerce avec l'intérieur de l'Asie et avec les Indes,
était la suivante: après la Mer Noire les marchandises remontaient le fleuve Fasi (aujourd'hui Rion).
Puis elles faisaient une quinzaine de lieues sur des
chariots de Serapana à Sura, où on les embarquait

Il y en avait aussi une grande consommation sur les côtes Asiatiques et Africaines de la Mer Rouge, en Ethiopie et en Abyssinie. En effet ces peuples les employaient non seulement pour ornement au cou, aux oreilles, et sur leurs habits, (1) mais encore pour décorer leurs appartements, et

sur le Cyrus (aujourd' hui Kur) qu'elles descendaient pour entrer dans la Mer Caspienne. Enfin elles entraient dans l'Oxus (maintenant Gihon ou Amu), et se répandaient dans toute l'Asie. Mem. hystor. et geograph. sur les pays entre la Caspie, e la Mer Noire (Magasin de Paris Oct. 1797, et Marin histoire Civ. et Polit. etc. Tom-IV, liv. II, page 132.

(1) « *On ne saurait dire la quantité de verres que les vénitiens exportaient en Syrie, en Egypte, en Barbarie, et dans la Mer Noire, ainsi que les Margaritines qu' on recherchait dans tout l'Orient pour en décorer les femmes les appartements et les habits.* » Ricerche Storico-critiche sulla Laguna Veneta, e sul Commercio de' Veneziani. Venezia 1803, pag. 189.

Macarteney raconte, que les Mandarins Chinois et Tartares portaient à leurs habits des boutons de verre de Venise, et des ornements en Margaritines comme des marques de leur dignité et de leur emploi. C'est un reste, ajoute-t-il, de l'ancien commerce presque exsclusif que faisaient autrefois les Vénitiens à la Chine.

Voyages à la Chine, et *Ricerche Storico-Critiche etc.* pag. 140.

pour recouvrir dans la tombe, selon d'anciennes coutumes, les dépouilles des morts.

On attachait tant de prix à ces perles dans certains pays qu'on s'en servait comme de monnaies dans les transactions. C'est de là que leur vient le nom de *Conteries* (ou plutôt Compteries) sous lequel on les désigne encore maintenant. (1)

Partout où les vénitiens avaient des établissements, et jouissaient de priviléges, sur les côtes septentrionales de l'Afrique, à Tripoli, à Suse, à Tanger, à Fez, à Marocco etc., ils en faisaient un grand commerce. Là accouraient pour les acheter les marchands des tribus de l'intérieur, et ils faisaient des échanges principalement contre des produits

(1) Dans l'ouvrage cité — *Ricerche Storico-Critiche sulla laguna Veneta, e sul commercio dei veneziani.* — *1803 pag. 140 ou lit:* « *che a Duhalac* » *presso Massuah sul mar Rosso vogliono per cor-* » *rente moneta anche al presente le conterie vene-* » *ziane, così diconsi le margharite, o quelle verghe e* » *pallottoline di smalto vario colorito che lavoransi* » *in Venezia, e tanto le costumano nell'Oriente per* » *ornamenti, addobbi ecc. Vecchie o nuove, rotte od* » *intere, d'ogni colore, d'ogni grandezza, ivi hanno* » *corso.*

indigènes. Parmi les usages auxquels elles é-
taient destinées, celui de servir en grande
partie à l'achat des nègres esclaves, mérite
d'être remarqué.

Lorsque Vasco de Gama eut franchi le
Cap des tempêtes, et qu'il eut tracé ainsi au
génie de la navigation la nouvelle route des
Indes, les Portugais, les Espagnols, puis les
Hollandais, et les Anglais remplacèrent les
Républiques Italiennes dans le grand commerce de l'Asie. Toutes les marchandises de
l'Orient furent alors transportées en Europe,
et réciproquement celles d'Europe en Orient
par la nouvelle route de l'Océan. En conséquence les Conteries commencèrent aussi dès
cette époque à être transportées dans les ports
de ces diverses nations, où non-seulement se
concentra le commerce direct avec l'Asie,
mais même dans la suite avec le nouveau continent d'Amérique et avec l'Océanie.

Cet état de choses, sauf quelques modifications dépendantes des vicissitudes politi-
ques des états, existe encore aujourd'hui. Il
faut pourtant remarquer que les productions
actuelles de ces manufactures, en comparaison

des anciennes, se sont augmentées, et considérablement améliorées en vertu du progrès des arts, des moyens plus prompts de communication avec les pays lointains, et des relations nouvelles et plus étendues qu'on entretient avec eux.

Le commerce des Conteries qui se fait à présent avec l'Angleterre, et la Hollande n'est pas de peu d'importance. Londres et Liverpool d'un côté, Hambourg et Amsterdam de l'autre, sont les centres principaux d'où se répandent toutes les exportations pour les Amériques, et pour les colonies Anglaises et Hollandaises.

Il s'en fait aussi une immense consommation, particulièrement en Afrique, puisqu'en commençant de l'Empire de Maroc, et s'avançant dans la Guinée, le Congo, la Cafrérie, le Zanguebar, et l'Abyssinie, les Conteries sont partout recherchées avec transport, et servent aux Européens pour un commerce d'échange contre les productions naturelles de ces pays.

La France fait aussi un trafic de ces perles principalement avec ses colonies du Sénegal d'où elle reçoit en échange du sable d'or, de l'ambre, des bois de marqueterie, des fourrures, et la célèbre gomme arabique. On fabrique en outre à Paris, à Strasbourg et dans d'autres villes de France, avec les margaritines de Venise, de très-belles bourses, des rubans, des ceintures, des écharpes, des cordons et des broderies de toute espèce qui sont en partie consommés dans l'intérieur du royaume, et en partie servent à l'exportation.

L'Espagne et le Portugal retirent aussi des Conteries de Venise. Cependant le commerce de ces deux royaumes, autrefois si étendu à cause des grandes exportations qui se faisaient la plupart dans l'Amérique méridionale, est depuis quelques années fort limité. L'Allemagne et la Prusse consomment toujours de ces articles. Lemberg et Brody en Pologne en font un commerce qui s'étend à toute la Russie. Constantinople est le centre des commissions qui viennent de la Perse, de l'Arménie et des autres parties de l'Asie. Alexandrie par sa position continue d'être un port important pour l'expédition des conteries sur le côtes orientales de l'Afrique, et sur celles d'Asie le long de la Mer Rouge.

Enfin les ports de la Barbarie fournissent les marchés de toutes les tribus africaines qui les avoisinent, et de là les Conteries sont introduites dans les régions centrales de l'Afrique même.

Les relations de l'Europe avec la Chine qui vont prendre une plus grande extension à cause des événements récents, offrent au commerce des Conteries de Venise de nouveaux débouchés du plus grand intérêt, spécialement par l'échange des produits de ce pays, puisque les Chinois ont toujours montré une affection particulière pour les ornements en perles qu'ils emploient comme des marques de leur dignité, ainsi que le rapporte Macarteney dans ses voyages à la Chine déjà cités.

La nouvelle route par l'Egypte régulièrement établie pourrait être fort avantageuse à ce trafic qui reprendrait ainsi une des routes anciennement pratiquées.

Il y a quelques qualités de perles qui s'adaptent même aux usages des nations Européennes pour chapelets , pour colliers , pour coiffure, ou pour quelques autres objets de luxe.

Ce commerce qui se répand dans toutes les parties du monde, sans rivalité, est alimenté par les seules fabriques de Venise.

Plusieurs fois, dans tous les temps, des étrangers ont tenté de découvrir les moyens de fabrication des Conteries pour les importer dans leur pays ; mais toujours en vain, parce que la complication des travaux, la jalousie avec laquelle les fabricants experts tenaient les secrets de leurs compositions, et la rigueur des lois vénitiennes ont toujours arrêté leurs tentatives.

Lorsque pour la première fois en 1797 les Français prirent possession de Venise, cette branche d'industrie, et le but de l'importer en France n'échappa point à la pénétration des envoyés républicains, et en 1798 le Directoire exécutif en donna même l'ordre exprès au général Berthier. Voici sa réponse:

« C'est avec peine, que je dois vous apprendre, que je n'ai pu réussir com-

„ me vous m'en aviez chargé par vo-
„ tre lettre du 5 Nivôse à enlever à Veni-
„ se la fabrique des marguerites. Je com-
„ pte vous envoyer par le prochain courrier
„ le rapport des personnes que j'avois char-
„ gées de cette affaire. (1)

Il ne faut pas s'étonner que dans le temps où les corporations d'arts et métiers existaient encore à Venise, (2) les personnes auxquelles s'était adressé le général Berthier ne lui aient pas facilité d'atteindre le but qu'il s'était proposé. Il faut d'ailleurs retenir aussi que le général lui-même, alors occupé des fameuses guerres d'Italie sous les ordres de Napoléon n'ait pas eu le temps d'étendre ses recherches, et de s'adresser à des personnes vraiment de l'art, comme le sujet l'exigeait, et parce qu'il s'agissait d'un art connu de peu de monde, et que les lois d'alors tenaient divisées en plusieurs branches tout-à-fait différentes les unes des autres.

(1) D'Artaud, Vie du Pape Pie VII.
(2) Ces Corporations subsistèrent jusqu' en 1806.

CHAPITRE TREIZIÈME.

De quelques réglements relatifs aux ver-reries de Murano du temps de la Répu-blique de Venise, et des priviléges qu' elle accordait aux habitants de Murano.

La République de Venise qui tenait du commerce toute sa puissance, avait le plus grand intérêt à encourager l'industrie nationale des verreries de Murano puisqu'elles formaient, comme nous l'avons dit dans les précédents chapitres, une des branches les plus importantes d'exportation et qu'elles faisaient affluer d'immenses richesses dans l'état.

Marin dans son Histoire civile et politique du commerce des Vénitiens, s'exprime ainsi :

    « La verrerie a été de tout temps, ce » que le Gouvernement avait de plus pré- » cieux : Une infinité de mesures ont été » prises pour en augmenter, pour en per- » fectionner les travaux, et pour en avoir

,, *autant que possible un débit exclusif dans*
,, *les pays voisins, comme dans les contrées*
,, *les plus lointaines.* (1)

Dès l'année 1318 les verreries de Murano ont été séparées en diverses classes, selon la qualité de leurs produits, et chaque classe fut assujettie à des lois spéciales qui ont souffert, dans la suite des temps, diverses modifications selon les circonstances.

Ces fabriques d'après le dernier registre, (*Capitolare o Matricola*) se partageaient en quatre classes ainsi nommées:

1. Fabriques de verres et de cristaux soufflés.

2. Fabriques de vitres, et de glaces brutes.

3. Fabriques de canne ordinaire pour *Conteries.*

4. Fabriques de canne pour margaritaires et perlaires, et d'émaux en pains.

La matricule (*Matricola*) vulgairement appelée *Mariegola* était un registre manuscrit sur lequel on inscrivait tout les régle-

(1) Livre II, Capitre IV, page 258, Venise 1798.

ments relatifs aux professions dont il est question au fur et à mesure qu'ils étaient promulgués. Il est bon d'observer que les trois professions de *miroitiers*, de *margaritaires*, et de *perlaires à la lampe* qui avaient leurs ateliers à Venise étaient réglées par autant d'autres matricules distinctes de celle des Muranais, parce que l'art de fabriquer le verre et les émaux, étant considéré, comme art principal, il était séparé des branches secondaires de réduction afin d'en rendre l'émigration plus difficile.

Pour que les travaux des verreries fussent rigoureusement surveillés on avait établi à Murano un bureau appelé *del Comparto* (de répartition) (1), composé de neuf individus, cinq desquels étaient élus par les propriétaires des fabriques, et quatre par la classe des ouvriers. On les renouvelait tous les ans : ils veillaient au bon ordre intérieur des fabriques, et décidaient dans leur art les questions qui pouvaient

(1) Il était ainsi appelé parcequ'il avait entre autres charges celle de veiller à la répartition des divers genres de travaux dans chaque verrerie.

s'élever. Ce bureau était subordonné dans les derniers temps de la République au *Conseil des Censeurs* résidant à Venise.

On remarquait parmi les réglements qui étaient renfermés dans la matricule, celui qui imposait à chaque propriétaire de fabrique l'obligation de déclarer au bureau *del Comparto*, au commencement de l'année, la qualité et la quantité de vases qu'il se proposait d'entretenir. L'année des travaux commençait le premier Octobre, et terminait le 31 Juillet suivant, c'est-à-dire durait quarante quatre semaines pendant lesquelles il ne pouvait y avoir ni augmentation, ni variation de travail. Pour l'exact accomplissement de ces prescriptions on destinait deux individus de l'art appelés *soprastanti* dépendants de ce même bureau *del Comparto* qui avaient le droit d'entrer dans les fabriques, tant de jour que de nuit, selon leur bon plaisir, pour en inspecter les travaux.

Un autre réglement important, était celui de l'apprentissage, et des épreuves aux quelles étaient soumis ceux qui voulaient être inscrits dans la corporation des ouvriers.

Il en résultait deux excellents effets: premiè-
rement que les produit étaient de bonne et parfaite qualité, secondement que ces produits
des fabriques étaient entretenus en proportion
des commissions, ou de la consommation.

Telle était la précaution de la République de Venise pour conserver même chez
les nations étrangères la réputation de cette
branche d'industrie, et pour empêcher la
circulation des produits défectueux, que parmi tant de décrets, celui du 20 Mars 1764
émané du Conseil des Censeurs, s'exprimait
ainsi: « *On fait publiquement savoir et en-*
„ *tendre que les contrefaçons de quelque*
„ *genre que ce soit dans les verreries de*
„ *Murano seront irrémissiblement suspen-*
„ *dues moyennant le transport préalable*
„ *des objets falsifiés. Les coupables fugitifs*
„ *seront poursuivis criminellement, et l'on*
„ *ouvrira un procès secret d'inquisition,*
„ *toujours permanent, pour arriver contre*
„ *eux inexorablement aux plus sévères*
„ *châtiments en réparation de tant de dom-*
„ *mages publics et privés.* (1)

(1) « *Si fa pubblicamente intendere e sapere,*

Les fabriques de verres de Murano, selon les divers temps, ont été assujéties à diverses magistratures. Nous ferons principalement remarquer, que depuis le 23 Février 1490 leur surintendance a été confiée aux Chefs du Conseil des X, et que le 27 Octobre 1547 ce Conseil s'est réservé à lui même la charge de veiller à ce que cet art ne fût point transporté hors de l'état. (1) Ces délibérations ont été confirmées par les résolutions (*Parti*) prises dans le *Maggiore Consiglio* le 22 Mars 1705, et 13 Avril 1762. (2) Cette dernière établissait: « *que*

» *che le contraffazioni di qualunque genere di lavori nelle fabbriche vetrarie di Murano, si so-*
» *spenderanno irremissibilmente, previo trasporto*
» *delle manifatture spurie : si procederà criminal-*
» *mente contro i rei contumaci, e si aprirà un*
» *processo segreto d'inquisizione sempre perma-*
» *nente, per indi discendere contro li medesimi*
» *inesorabilmente alli più severi castighi, a riparo*
» *di tanti pubblici e privati pregiudizii* ».

(1) Rapport fait par le Collége des V Sages au Sénat le 30 janvier 1762 M. V. (1763). Voyez le Capitulaire contenant les documents et décrets relatifs à l'art du verrier, que l'on conserve dans nos archives publiques.

(2) Voyez les résolutions prises dans le *Maggior Consiglio*.

,, *les chefs du Conseil des X devaient pren-*
,, *dre soin de l' art, en se prévalant des*
,, *moyens les plus secrets, et les plus sévè-*
,, *res, que dans leur sagesse ils croiraient*
,, *nécessaires, pour veiller attentivement à*
,, *ce qu'aucune personne employée dans les*
,, *verreries sortît de l'état pour passer dans*
,, *des pays étrangers.* (1)

En conséquence il était défendu sous les peines les plus graves à tous ceux qui appartenaient à l'art du verrier d'en dévoiler le secret, et ceux qui sortaient de l'état vénitien sans la permission du Conseil des X, ou à son insu, étaient condamnés à mort.

La susdite décision du *Maggior Consiglio* 13 Avril 1762 déclarait aussi: *qu'il ne devait appartenir qu'au Sénat de régler par*

____

(I) On lit: « *Che i capi del Consiglio de'X, do-*
» *vessero avere la cura dell'arte, valendosi anche*
» *di vie le più segrete e severe, quali pareranno*
» *alla loro prudenza, nell'invigilare attentamente,*
» *e provvedere, che niuna persona impiegata nelle*
» *arti vetrarie partisse da questo stato, per tras-*
» *portarle in alieni paesi* ».

voie administrative toutes les affaires rela-
tives à l'art du verrier (1)

Enfin sous la même date du 13 Avril
1662 on imposait au Conseil des V Sages de faire un rapport sur l'état d'alors
des dites professions, et de proposer les moyens les plus convenables à leur prospérité.
C'est ce qui donna lieu au Rapport de ce
Conseil en date du 30 Janvier 1762 MV,
(1763) par lequel on proposait diverses modifications aux lois anciennes, et c'est d'a-
près l'opinion de ce même Conseil, que la
surintendance de l'art du verrier a été dé-
volue au Conseil des Censeurs auxquels
fut attaché un des trois Inquisiteurs d'État
en qualité d'adjoint.

Plus tard les lois de 1806 établis-
saient dans ces provinces la liberté des
arts et métiers, et abolissaient toutes les
corporations. En vertu de ces lois tous in-
distinctement, étrangers ou nationaux, quel-
qu'en soit la condition, peuvent ériger une

(1) « *Che il governo delle arti vetrarie, in via*
» *amministrativa, dovesse spettare all' Eccelso Se-*
» *nato.* »

verrerie ou être ouvriers; tous peuvent, comme, et où il leur plait le mieux, transporter leurs fabriques, puisque la fabrication des conteries est à la même condition que tous les autres arts.

Ces dispositions générales quoique profitables et encourageantes pour l'industrie nationale, lorsqu'il s'agit de professions connues et exercées également chez les autres nations, ne semblent pas applicables à un royaume ou à une ville qui veuille, comme c'était notre cas, conserver une industrie indigène et exclusive; mais comme les maximes de la nouvelle législation de ces provinces, en fait d'arts en général, ne s'accordaient pas avec celles du Gouvernement de la République de Venise, il était bien naturel aussi, que les réglements particuliers de l'art du verrier, du margaritaire, et du perlaire, ne pussent non plus en ancune manière être conservés.

Si d'un côté la rigueur des lois vénitiennes était extrême contre les ouvriers verriers qui auraient trahi la patrie, de l'autre la République accordait des distinctions et des priviléges particuliers aux Muranais, et principalement à ceux qui appartenaient à l'art du verrier pour les attacher au Gouvernement.

Entre autres concessions, nous rappellerons les suivantes comme les principales:

1. Dans l'année 1445, Murano obtint du Sénat de Venise le rare privilége d'élire à perpétuité, parmi ses citoyens, un chancelier qu'on nommait *chancelier prétorien*, précisément *sicut factum fuit*, de même dans le Statut, *comunitati Clugiae, et Modoni, et Coroni, et civitatum insulae Cretae*. (1)

2. Murano entretenait à Venise son *Nonce* pour les affaires qui devaient se traiter en cette ville. (2)

3. L'île de Murano avait sa propre justice civile, criminelle, et administrative, dont les lois et ordonnances formaient un code appelé *Statut de Murano*. En 1502 il fut avec approbation du Sénat de Venise, entièrement réglé et mis en ordre selon les circonstances de ces temps, sans qu'il ait

(1) Ab. Fanello, Saggio storico di Murano pag. 29.
(2) idem page 30.

éprouvé aucune autre réforme jusqu' à la chute de la République. (1)

4. Le 16 Février 1601 MV. (1602) le Conseil de Murano prit une résolution qui fut confirmée par le Sénat de Venise le 20 Août 1602, par laquelle on établissait le droit de bourgeoisie (citadinance) de Murano. De là l'institution du *Livre d'or* dans lequel furent alors inscrites les familles originaires de Murano, et dans la suite des temps leurs descendants. (2)

5. Dès le douzième siècle, époque à laquelle Murano fut enclavé à Venise, les Muranais obtinrent de la République le titre insigne de *citadins originaires de Venise*, en vertu du quel, sans décret de faveur, comme on l' exigeait pour les sujets nés hors de

(1) idem page 30.

(2) Le *livre d'or* dont les feuillets sont en parchemin, est encore conservé dans la chancellerie de Murano.

Misson dans son nouveau Voyage d'Italie, rapporte: *que les verriers de Muran se disent gentils hommes ayant esté noblis par Henri III qui les alla voir travailler, quand il passa à Venise* (1753). *et ils jouissent des droits de la citadinance. Tom. I.* pag. 326. imp. à la Haye 1727.

Venise, ou qui n'y avaient pas leur domicile établi, ils étaient toujours admis aux premiers emplois, au ministère républicain de l'*Avogaria*, de la *Cancelleria Ducale* et dans les Cours étrangères. (1)

6. Les Muranais avaient, de très-ancienne date, le privilége de faire frapper chaque année à la *Zecca* de Venise des monnaies d'or, ou d'argent, appelées *Oselle* avec l'épigraphe : *Munus Comunitatis Muriani*. La grandeur et le coin de ces *Oselle* ont varié avec le cours des années. Dans les derniers temps elles portaient empreints d'un côté les noms, et les armes du Doge, du Podestat, et du Trésorier, ainsi que les armes de la commune de Murano, de l'autre les noms et les armes des quatre députés de l'île. La dernière *Osella* a été frappée en 1796 sous le Doge Louis Manin, Sébastien Pisamano étant Podestat de Murano, et Zanetti Trésorier. Les quatre députés de cette même année étaient Georges Barbaria, Antoine Ongaro, François Dal Moro, et François Motta.

(1) **Vettor Sandi. Storia civile della Repubblica di Venezia. Part. I, Vol. II, pag. 548. Venezia 1755.**

7. La Magistrature des *Provéditeurs de la commune* (*Provveditori di Comun*), résidant à Venise, ne pouvait pas se mêler des réparations à faire aux ponts, rues, et canaux de l'île de Murano. Tout cela dépendait des surveillants (*soprastanti*) des verreries, qui pour ces dépenses avaient l'administration des revenus d'une caisse particulière appelée du *Bezzo*. (1)

8. Ceux qui appartenaient à l'art du verrier pouvaient porter sur eux deux couteaux dans une seule gaîne.

9. Ni les sbires de Venise, ni le *Missier grande*, qui en était le chef, ne pouvaient débarquer à Murano. Si par hasard un Muranais commettait quelque délit, les magistrats de l'île se chargeaient de l'emprisonnement du coupable pour le livrer en suite aux tribunaux supérieurs.

10. Les étrangers n'étaient point admis à exercer l'art du verrier. Il n'y avait que les fils de propriétaires de fabriques, ou de

(1) Le *Bezzo* était une monnaie qui valait un demi sou vénitien, c'est-à-dire, un centime et demi de la livre autrichienne.

chefs ouvriers qui pouvaient ériger une verrerie. (1) (2)

11. Mais le plus remarquable et le plus
honorable de tous les priviléges était celui,
que les filles des chefs des verreries de Murano pouvaient se marier à un noble patri-
cien de Venise, et leurs descendants conser-
vaient tous leurs degrés de noblesse. Ce
privilége était vraiment extraordinaire si l'on
considère la qualité du gouvernement émi-

(1) Cette disposition fut aussi confirmée par le
Décret du Sénat 5 Septembre 1776.

(2) Nous avons rapporté à la page 4, que M. Barbaria avait eu la permission d'ériger en 1790 à Venise une verrerie pour la fabrication dés bouteiles
façon anglaise; mais comme le dit Barbaria était
vénitien, et qu'il n'appartenait pas à la corporation
des fabricants verriers de Murano; ce fut par une
faveur spéciale, et par ordre des Inquisiteurs d'
état qu'il obtint, avant tout, la citadinance muranaise,
et d'être inscrit lui et sa descendance sur le livre d'or
de Murano. Sans cela il ne pouvait exercer l'art en
question.

C'est ce qu'on lit dans le dit livre d'or de Murano sous la date 15 Avril 1793: *Per comando de-
gli Illustriss. Inquisitori di Stato, aggregato Zorzi
Barbaria coi suoi legittimi discendenti. Esente dal-
l' Ufficio del Comparto per la sola fornace ad uso
di bottiglie d' Inghilterra eretta nella dominante.*

nemment aristocratique, et le degré fort éle-
vé de la noblesse vénitienne.

CHAPITRE QUATORZIÈME.

*État comparatif des fabriques qui exis-
taient à Murano vers la fin de la République Vénitienne, et celles qui existent
maintenant.*

Vers la fin du siècle passé on comptait
à Murano quarante six verreries environ, divisées ainsi qu'il suit:

Huit fabriques d'émaux, et de can-
ne fine pour margaritaires et pour perlaires,
dont la plupart travaillaient avec trois vases
ou creusets.

Six fabriques de canne pour conteries
ordinaires de chacune six vases.

Trois fabriques de cristaux, non com-
prise celle de Briati à Venise qui cessa en
1790 environ. Les trois fabriques de Murano
travaillaient chacune avec trois vases.

Quatre fabriques de verre ordinaire,
de chacune cinq vases.

Quatre fabriques de miroirs, une des quelles fabriquait les grandes glaces, et occupait sept vases; les autres de miroirs de moindres dimensions de cinq vases chacune.

Vingt et une fabriques de petites vitres, de chacune cinq vases.

Aujourd' hui (1846) on compte à Murano douze fabriques en activité réparties ainsi qu'il suit :

(*a*) Quatre fabriques d'émaux en canne pour conteries fines qui occupent ordinairement cinq vases chacune. (1)

(*b*) Quatre fabriques de canne pour conteries ordinaires, annexes des quatre précédentes, et qui en font même partie. Ces fabriques travaillent ordinairement avec cinq vases, que l'on porte à six, ou sept, selon les besoins.

(*c*) Trois fabriques de cristaux et de verres ordinaires soufflés. Ces deux genres de travail autrefois séparés l'un de l'autre se font maintenant au moyen d'un seul et même four. Les fabriques actuelles occupent

(1) Voyez la note à page 8.

trois vases, deux pour le verre ordinaire, et un pour le cristal. (1)

(d) Une fabrique de verre à vitres de toutes dimensions, verre de montres, bouteilles façon française. Celle-ci est le grand établissement érigé par Mes. Marietti frères de Milan. (2)

A' Venise il existe trois fabriques en activité, savoir:

Deux fabriques d'émaux en perles, où sont employés en total dix creusets. (3)

Une de verre coloré creux pour rocailles, avec quatre creusets. (4) (5)

(1) Voyez la note à la page 38.
(2) Voyez la description à la page 49.
(3) Voyez la note à la page 8.
(4) Cette fabrique est annexe d'une des deux précédentes, sous la raison L. Zecchin à St. Léonard.
(5) Dans les verreries de l'île de Murano on voit travailler les verres filigranés et rubanés façon ancienne selon la méthode reproduite par l'auteur. A' Venise Mr. Pierre Bigaglia à érigé une fabrique de ces ouvrages qui se distingue parmi les autres, par la beauté de ses produits. On y fait aussi des verres jaspés, et tachetés à imitation de toutes sortes de marbres.

Quoique les ouvrages à filigrane, dont nous parlons, se trouvent aujourd'hui en concurrence avec ceux

Quoiqu'il résulte du rapport ci-dessus, que le nombre des fabriques d'émaux et de rocailles, ou conteries ordinaires, qui sont aujourd'hui en activité, a diminué, néanmoins on reconnait que celui des creusets pour la fusion des émaux a été accru considérablement. D'ailleurs ces creusets étant d'une plus grande dimension que les anciens, et les moyéns de fabrication actuellement en usage plus parfaits et plus rapides, ainsi les produits excèdent en quantité ceux d'autrefois.

Pour reconnaître cette verité il suffira d'observer que l'art du margaritaire qui existait à Venise et qui s'occupait uniquement de la réduction en perles des pâtes d'émail et de verre coloré, comprenait dans les derniers temps de la République vingt-deux fourneaux à *ferraccia* tandis qu'aujourd'hui,

qu'on fait depuis deux ans dans les fabriques françaises, et avec ceux qu'on fait en quelques endroits de la Bohême, néanmoins les produits vénitiens sont remarquables par un genre de travail tout-à-fait particulier qui les distingue des manufactures étrangères. Au surplus Venise fut la première qui dès l'année 1838 donna un nouvel éclat à cette branche d'industrie.

lorsque toutes les usines de margaritaire qui existent tant à Murano qu'à Venise, sont en pleine activité, elles entretiennent environ quatre vingt fourneaux la plûpart à tube. (1)

De ce que nous venons de dire il s'en suit, que comparant le travail ancien avec le nouveau, eu égard particulièrement aux objets en émaux, ou conteries fines, on ut inférer que ce dernier est quadruple environ du premier ; mais d'un autre côté il faut remarquer, que les prix de ces manufactures ont diminué dans la même proportion.

Les fabriques de Murano et de Venise offrent un mouvement annuel de capitaux qui varie selon les transactions commerciales, et par conséquent selon l'augmentation ou la diminution du travail.

Celles désignées dans les classes *a*, *b* (y compris les établissements de ce genre qui

---

(1) Nous avons indiqué à la page 20, la différence du travail entre les fourneaux *à ferraccia* et ceux *à tube*. On compte en total dix usines de margaritaires, cinq desquelles sont partie et sont annexes des fabriques d'émaux à Venise et à Murano. Les autres cinq en sont séparées.

sont à Venise), donnent un produit annuel d'environ 2,320,000 kilogrammes de manufactures en émaux, jais, rocailles, perles de verre à la lampe, et autres articles, dont la valeur s'élève à 4,700,000 fr. (voyez les tables A, B). (1)

Les autres verreries citées dans les classes *c, d,* donnent un produit annuel d' environ 800,000 kilogram. en cristaux, carreaux de vitres, verres de montres, bouteilles, gobeleterie commune, pour la valeur de 700,000 fs. C'est de la fabrique de Mess. Marietti que sort la plus grande partie de ces produits.

Ainsi toutes les fabriques que nous venons d'indiquer, donnent annuellement un total moyen qui excède le chiffre de trois millions de kilogrammes d'objets manufacturés en divers articles, pour la valeur d'en-

____

(1) Ce produit est calculé selon la quantité moyenne de creusets qu'on entretient dans les fabriques d'émaux et de rocailles de Venise et de Murano, prises ensemble, savoir en total : 30 creusets pour les émaux et rocailles fines, et 24 creusets pour les rocailles ordinaires.

viron cinq millions et quatre cent mille francs.

D'après ces données on peut calculer, d'une manière approximative, que l'ensemble du mouvement commercial de la ville de Venise, au sujet de cette branche d'industrie, y compris l'importation de matières premières qui sont employées dans les verreries, et l'exportation des produits obtenus, dépasse la somme annuelle d'environ huit millions de francs.

Table A. *Aperçu du produit annuel des fabriques d'émaux et de rocailles, de Venise et de Murano.*

Qualité des produits	Poids en Kilogr.		Valeur des pâtes	Frais de reduction en perles	Valeur totale des objets manufacturés
	Brut	net manufacturé			
			Francs.	Francs.	Francs.
(1) Pâtes en émail, pour rocailles fines . .	900,000	750,000	1,500,000	1,000,000	2,500,000
(2) Pâtes en verre coloré pour rocailles ordinaires	1,400,000	1,200,000	600,000	400,000	1,000,000
(3) Pâtes en émail, et en verre coloré pour les fabricants de perles à la lampe.	550,000	520,000	550,000	650,000	1,000,000
	2,650,000	2,270,000	2,450,000	2,050,000	4,500,000
Émaux en pains, et autres produits . . .	50,000	50,000	200,000	. . . . .	200,000
	2,700,000	2,320,000	2,650,000	2,050,000	4,700,000

Table B.

RÉSUMÉ DE LA TABLE PRÉCÉDENTE.

Produit de l'art du margaritaire, et de celui du perlaire à la lampe.

Qualité des produits	Poids net des manufactures	Valeur des manufactures	Total	
			du poids en kilog.	de la valeur en francs.
Art du margaritaire				
Émaux en perles	750,000	2,500,000	1,950,000	3,500,000
Rocailles.	1,200,000	1,000,000		
Art du perlaire à la lampe				
Perles en émail et en verre coloré.	320,000	1,000,000	320,000	1,000,000
			2,270,000	4,500,000
Émaux en pains et autres produits.	50,000	200,000	50,000	200,000
			2,320,000	4,700,000

TABLE DES MATIÈRES.

Prix Liv. 2 : — Autr.